Inhalt

Wirtschaftsfaktor Fußball - die Bundesliga ist die profitabelste Liga Europas

Kernthesen

Beitrag

Fallbeispiele

Weiterführende Literatur

Impressum

GENIOS WirtschaftsWissen Nr. 03 vom 13.03.2013

Wirtschaftsfaktor Fußball - die Bundesliga ist die profitabelste Liga Europas

Robert Reuter

Kernthesen

- Die deutsche Bundesliga steigert ihre Einnahmen Jahr für Jahr und ist wirtschaftlich gesund.
- Anders als die Ligen in Spanien, Italien und England hat die deutsche Top-Klasse kein Schuldenproblem.
- Die 50+1-Klausel sorgt dafür, dass finanzstarke Investoren in deutschen Clubs keine Mehrheit erlangen können.

Beitrag

Finanziell auf gesunden Beinen

Anders als viele andere europäische Ligen steht die höchste Klasse des deutschen Profi-Fußballs finanziell auf gesunden Beinen. Laut dem aktuellen "Bundesliga Report" nahmen die 18 Clubs in der Saison 2011/12 erstmals etwas mehr als zwei Milliarden Euro ein. Damit rangiert die Bundesliga hinter der englischen Premier League und vor der spanischen Primera Division auf Platz zwei der wirtschaftlich stärksten Fußballligen. Bei der Profitabilität nimmt die Bundesliga hingegen schon seit einigen Jahren den ersten Rang ein. So wurde in der Saison 2010/2011 ein Anstieg des Betriebsergebnisses von 33 Millionen Euro auf 171 Millionen Euro erreicht. Gegenüber dem Vorjahr bedeutete dies ein Plus von 24 Prozent.

Einnahmen erzielt die Bundesliga aus gleich drei Quellen. Zum einen von den Werbepartnern (27 Prozent), durch die Vermarktung von Medienrechten (26 Prozent) sowie durch den Ticketverkauf (21 Prozent). Zu den weiteren Erlösbringern gehören Spielertransfers, die allerdings einen stark schwankenden Posten in den Bilanzen ausmachen. In der Saison 2011/2012 waren es 210 Millionen Euro, die durch Spielerverkäufe eingenommen wurden, was einem Zehntel des Gesamtumsatzes entspricht. Zwei Jahre zuvor waren es nur gut 106 Millionen Euro gewesen, die durch Transfers erlöst werden konnten.

Ab der kommenden Saison dürfen sich die Vereine über einen gesteigerten Geldsegen aus der TV-Vermarktung freuen. Statt 412 Millionen Euro pro Spielzeit werden die Clubs dann 628 Millionen Euro und damit 52 Prozent mehr erhalten. Wichtigster Medienpartner der beiden Ligen ist der Bezahlsender Sky, der alleine knapp 486 Millionen Euro für die Sendelizenz und damit 77 Prozent der Gesamterlöse zahlt.

Ein wirtschaftliches Pfund, mit dem die Bundesliga wuchern kann wie keine andere Liga in Europa, ist das Zuschauerinteresse. So kamen in der Saison 2011/12 erstmals mehr als durchschnittlich 44 000 Zuschauer zu jeder der 306 Bundesliga-Partien. Im Vergleich zur Vorsaison waren dies rund 2 200 Besucher mehr, womit ein historischer Rekord erreicht wurde. Damit liegt die Bundesliga bei den Zuschauerzahlen europaweit mit deutlichem Abstand auf Rang eins. Die Plätze zwei und drei belegen die Premier League mit rund 34 600 und die Primera Division mit rund 28 500 Zuschauern. (1), (2)

DFL führt das operative Geschäft

Noch vor zwölf Jahren ließ sich die Bundesliga nach außen durch den Deutschen Fußballbund (DFB) vertreten, bevor sie mit der DFL (Deutsche Fußball Liga) eine eigene Interessenvertretung ins Leben rief. Ihre Aufgabe ist es seitdem, die mediale Verwertung der Bundesliga zu organisieren und die Rechte bestmöglich zu vermarkten. 2001 bedeutete für den deutschen Fußball damit den Beginn einer neuen Ära, die sich seitdem insbesondere in einer immer besseren Vermarktung des Produkts Fußballs niederschlägt. Noch in den 90er Jahren hatte die Bundesliga lediglich den Ruf, eine besonders starke Liga zu sein, doch wurde der Zeitpunkt verpasst, sich auf dem globalen Medienmarkt entsprechend zu positionieren. Die DFL musste daraufhin eine Aufholjagd starten, deren Erfolg sich auch darin zeigt, dass die Spiele in 204 Ländern live übertragen werden. Vor fünf Jahren waren es erst 172 Länder.

Das Wachstumstempo bei der Vermarktung der Bundesliga wird allerdings zukünftig deutlich geringer ausfallen. Sowohl bei den Zuschauerkapazitäten als auch bei den Ticketpreisen sieht die DFL derzeit das Ende der Fahnenstange erreicht. Auch beim Sponsoring und beim Verkauf von Werbeflächen ist der Spielraum wohl ausgereizt. (3)

Trends

Nachwuchsförderung statt teurer Transfers

Ein wichtiger Grund für die wirtschaftliche Solidität der deutschen Top-Liga ist der maßvolle Umgang mit Transfergeldern. Die Liga hat aus früheren Exzessen gelernt und zeigt sich bei Transferausgaben heute eher vorsichtig. Stattdessen wird mehr Geld in den eigenen Nachwuchs investiert, was sich zum einen auf die Finanzlage, zum anderen erkennbar positiv auf das Spielerpotenzial der Nationalmannschaft auswirkt. Die Mehrheit der Vereine auch in der zweiten Liga steht darum betriebswirtschaftlich sehr gut da, wie kürzlich eine Untersuchung des Beratungsunternehmens Deloitte ergab. Demnach machen rund 57 Prozent der Clubs in der 1. und 2. Bundesliga Gewinne, während nur jeder fünfte Verein noch rote Zahlen schreibt. [7]

Fallbeispiele

Hohe Schulden in Spanien und

Italien

Im Vergleich zu anderen europäischen Vereinen sind die TV-Einnahmen deutscher Clubs immer noch nur Peanuts. So erzielte der FC Barcelona in der vergangenen Saison rund 183 Millionen Euro, die Bayern kamen auf gerade einmal 30,9 Millionen Euro. Die gewaltige Diskrepanz rührt daher, dass spanische Clubs ihre TV-Einnahmen nur für sich und nicht für die ganze Liga aushandeln können. Mit dieser Möglichkeit bildet Spanien einen Ausnahmefall in Europa. Im Ergebnis bekommen die beiden Platzhirsche FC Barcelona und Real Madrid damit rund die Hälfte des gesamten Kuchens, während die übrigen spanischen Vereine mit vergleichweise niedrigen TV-Geldern zufrieden sein müssen - wogegen sie regelmäßig Sturm laufen.

Anders als die Bundesliga ist die Primera Division auch durch diese Praxis eine Zwei-Klassengesellschaft aus armen und reichen Clubs. Da die ärmeren Vereine überdies versuchen, durch Kredite an das Niveau der Spitzenclubs aufzuschließen, gilt die gesamte Liga als stark verschuldet. So werden die Verbindlichkeiten aller spanischen Profimannschaften derzeit auf fünf Milliarden Euro geschätzt. Kaum besser ist die Situation nach Ansicht von Experten in Italien. (6), (7), (8)

Premier League gerät unter politischen Druck

Die hoch verschuldeten Clubs der englischen Premier League sind in das Visier der Politiker geraten. Ein eigens eingerichteter Parlamentsausschuss hatte der Liga einen umfassenden Forderungskatalog mit Reformen vorgelegt, die die Clubs anpacken müssen, wenn nicht der Staat für die Einhaltung per Gesetz sorgen soll. Gefordert wurde vom Parlamentsausschuss mehr finanzielle Transparenz und die stärkere Einbindung der Fans als Mitgesellschafter. Zudem wurde den Vereinen aufgegeben, ein strengeres Lizenzierungssystem zur wirtschaftlichen Absicherung aufbauen. (1), (5)

Mit Financial Fair Play gegen die Wettbewerbsverzerrung

Die wirtschaftliche Potenz der europäischen Ligen ruft schon seit Jahren immer mehr Weltkonzerne, Oligarchen oder arabische Königshäuser auf den Plan, die sich in Vereine einkaufen und diese dann fürstlich mit Transfergeldern ausstatten. Jüngstes Beispiel hierfür ist der französische Club Paris Saint-Germain, der seit 2011 einer Investorengruppe aus dem Scheichtum Katar gehört. Andere Clubs, die mit Fremdgeldern zum Erfolg kamen, sind unter anderen Chelsea London und auch Manchester City. In der Bundesliga ist die Übernahme von Vereinen durch finanzstarke Investoren durch die so genannte 50+1-Regel noch immer ausgeschlossen. Jedoch gibt es immer wieder Stimmen, die eine Aufhebung der Klausel fordern, denn schon heute gibt es Ausnahmen. So sind die Werksclubs Bayer Leverkusen und VFL Wolfsburg ebenso von der Regel ausgenommen wie die vom Milliardär Dietmar Hopp gesponsorte TSG Hoffenheim.

Um die Wettbewerbsverzerrung durch Investorengelder zu bekämpfen, hat der europäische Fußballverband UEFA sein Financial-Fairplay-Konzept vorgestellt. Zu den verschärften Regeln für die Clubs gehört beispielsweise die Break-even-Regel, die vorschreibt, dass die Ausgaben die Einnahmen aus dem regulären Betrieb nicht überschreiten dürfen. Das endgültige Ende für die Milliarden von Mäzenen könnte jedoch erst das Jahr 2018 bringen. Ab diesem Jahr darf kein Club, der an einem europäischen Wettbewerb teilnimmt, mehr als 1,7 Millionen Euro Verlust aus dem Fußballgeschäft durch einen Kapitalgeber ausgleichen lassen. Auch die drei genannten deutschen Clubs wären von dieser Regelung betroffen und müssten dann eine neue Geschäftspolitik betreiben. Allerdings ist noch unklar, ob die UEFA die Regel mit aller Härte wird durchsetzen können. (4)

Weiterführende Literatur

(1) KNOW-HOW: Die Liga in Zahlen
aus Horizont 07 vom 14.02.2013 Seite 040

(2) Profis nicht nur auf dem Rasen
aus Horizont 07 vom 14.02.2013 Seite 030

(3) Pokern mit guten Karten
aus Horizont 07 vom 14.02.2013 Seite 026

(4) Europas Clubs werden zum Spielball der Milliardäre
aus WirtschaftsWoche online vom 2013-02-12

(5) Politik macht britischem Fußball Druck
aus Frankfurter Allgemeine Zeitung, 31.01.2013, Nr. 26, S. 24

(6) Milliarden-Geschäft: Die 20 umsatzstärksten Fußball-Clubs der Welt
aus W&V Online-Magazin vom 24.01.2013

(7) Schuldenlast spaltet Europas Fußballclubs
aus manager-magazin.de vom 16.11.2012

(8) Real und Barca - die spanischen Scheinriesen
aus manager-magazin.de vom 25.01.2013

Impressum

Wirtschaftsfaktor Fußball - die Bundesliga ist die profitabelste Liga Europas

Bibliografische Information der deutschen Nationalbibliothek

Die Deutsche Nationalbibliothek verzeichnet diese Publikation in der deutschen Nationalbibliografie; detaillierte bibliografische Daten sind im Internet über http://dnb.d-nb.de abrufbar.

ISBN: 978-3-7379-1699-8

© 2015 GBI-Genios Deutsche Wirtschaftsdatenbank GmbH, Freischützstraße 96, 81927 München, www.genios.de

Alle Rechte vorbehalten. Dieses Werk ist einschließlich aller seiner Teile – z.B. Texte, Tabellen und Grafiken - urheberrechtlich geschützt. Jede Verwertung außerhalb der Grenzen des Urheberrechtsgesetzes bedarf der vorherigen Zustimmung des Verlags. Dies gilt insbesondere auch für auszugsweise Nachdrucke, fotomechanische

Vervielfältigungen (Fotokopie/Mikroskopie), Übersetzungen, Auswertungen durch Datenbanken oder ähnliche Einrichtungen und die Einspeicherung und Verarbeitung in elektronischen Systemen.